Depressionen

überwinden

Der Weg zurück zu mir

Auflage 2016 Februar
ISBN-13: 978-1523860005
ISBN-10: 1523860006

Webseite tbreise.buch-autoren.de
Email: tbreise@tbreise.buch-autoren.de
Infos zu Impressum:

T.Breise

c/o Autoren.Services

Zerrespfad 9

53332 Bornheim
Gestaltung :Jason Masters Photography
Bilder: Kozzi.com Photography

Newsletter Eintrag für Neuerscheinungen,
bitte per Email Anfrage an:
newsletter@tbreise.buch-autoren.de

T. Breise

Deppressionen

überwinden

Der Weg zurück zu mir

Symptome verstehen
Motivation schöpfen
Bewusst zurück ins Leben

Inhaltsverzeichnis

Vorwort

Vielen Dank, dass du "Depressionen – Der Weg zurück zu mir" erworben hast. Vielleicht hat eine Dir nahe stehende Person von ihrer Erkrankung erzählt und du suchst nach mehr Informationen? Oder du fühlst Dich schon seit einiger Zeit niedergeschlagen und glaubst, eine Depression stecke dahinter? Möglicherweise hast du gerade erst Deine Diagnose erhalten und du möchtest wissen, was Dich jetzt erwartet? Oder aber du weißt schon länger, dass du Depressionen hast und wünschst Dir neue Erkenntnisse? Genau dazu ist dieses Buch da. Kein "Wird schon wieder"-Schulterklopfen, sondern klare Fakten über die Krankheit, ihre Auslöser, Symptome und Behandlungsmöglichkeiten, sowie wichtige Tipps für Patienten und Angehörige.

Bitte beachte aber: Dieses Buch enthält nur allgemeine Hinweise und übernimmt keinen Anspruch auf Vollständigkeit. Die Lektüre kann keinen Arzt- oder Psychologenbesuch ersetzen und darf nicht zur Selbstdiagnose verwendet werden. Wenn es Dir schlecht geht, dann hol Dir reale Hilfe und zwar so früh wie möglich!

Volkskrankheit Depression

Eine Depression ist eine ernste psychische Störung, die sich auf alle Bereiche des Lebens auswirken und auch körperliche Beschwerden verursachen kann. Sie gilt als Volkskrankheit, da ein großer Teil der Bevölkerung betroffen ist und durch Krankheitstage und Frühberentungen der Wirtschaft sehr hohe Kosten entstehen. Rund 5 % der Deutschen im Alter zwischen 18 und 65 Jahren befinden sich derzeit aufgrund einer depressiven Episode in ärztlicher Behandlung. Natürlich sind auch Menschen außerhalb dieser Altersgruppe betroffen. Insgesamt geht man von rund 4 Millionen erkrankten Menschen in Deutschland aus. Depressionen sind damit genauso häufig wie Krebs oder Herz-Kreislauf-Erkrankungen und können, unabhängig von Geschlecht, Alter und sozialem Status, jeden treffen.

Auch wenn sich das gesellschaftliche Bewusstsein für Depressionen und andere psychische Erkrankungen derzeit im Wandel befindet, werden Betroffene noch immer stigmatisiert und nicht ernst genommen. Aus Scham, Angst oder schlichter Kraftlosigkeit heraus gehen viele depressive Menschen nicht zum Arzt oder sprechen beim Arztbesuch nur ihre körperlichen Beschwerden an. Die psychischen Symptome der Krankheit werden als persönliches Versagen empfunden. Um eine Depression sicher diagnostizieren zu können, muss ein Arzt über viel Erfahrung im psychiatrischen Bereich verfügen – da aber die meisten Patienten zunächst zum Hausarzt gehen, bleiben viele Depressionen lange unerkannt. Dabei können Depressionen heutzutage sehr gut behandelt werden. Die Therapie hat sich in den letzten Jahrzehnten stark weiterentwickelt und etwa 80 % aller Betroffenen können dauerhaft geheilt werden. Das ist sehr wichtig, denn unbehandelt kehren depressive Episoden immer wieder und treten immer häufiger auf und die Suizidalität steigt.

Genau darum ist es so wichtig, die Bevölkerung für das Thema "Depression" zu sensibilisieren. Eine rechtzeitige Erkennung der Krankheit kann Leben retten!

Ursachen und Risikofaktoren

Es wird vermutet, dass zu Depressionen neigende Menschen schon von vornherein eine höhere Verletzlichkeit (Vulnerabilität) haben. Das kann an einer genetischen Prädisposition liegen, eine biologische Ursache haben oder in der Entwicklung und der Persönlichkeit begründet sein. Dadurch sind sie gegenüber Stress, Verlusten und Belastungssituationen sowie negativen Umwelteinflüssen weniger tolerant und reagieren sensibler darauf, als gesunde Menschen.

Meistens kommen mehrere Faktoren zusammen, die sich gegenseitig beeinflussen und verstärken, so dass im Einzelfall kaum mehr feststellbar ist, warum jemand eine Depression hat. Der auslösende Faktor kann dagegen meistens recht gut benannt werden, denn oft sind es Stresssituationen, ein Todesfall im näheren Umfeld des Betroffenen, eine Trennung, der Verlust des Arbeitsplatzes, die Diagnose einer schweren Krankheit oder andere traumatische bzw. negative Erfahrungen. Da die Zusammenhänge äußerst komplex und noch nicht abschließend verstanden sind, ist es nur logisch, dass der Krankheitsverlauf von Mensch zu Mensch sehr verschieden ist. Es gibt also weder eine typische Depression noch den typischen Depressiven.

Körperliche Gründe:

Genetische Ursachen

Nach aktuellen Erkenntnissen können erbliche Vorbelastungen bei der Entstehung einer Depression durchaus eine Rolle spielen. Ist ein Verwandter ersten Grades erkrankt (also ein Elternteil oder ein Geschwister), liegt das Risiko für eine Depression bei etwa 15 %. Sind sogar beide Eltern betroffen, beträgt die Wahrscheinlichkeit, selbst zu erkranken, sogar 55 %! Dies spricht für einen erblichen Faktor, allerdings konnte bisher noch kein „Depressionsgen" ausfindig gemacht werden. Das gehäufte Auftreten von Depressionen in der engeren Familie kann auch daran liegen, dass Kinder depressiver Eltern aufgrund psychosozialer Faktoren ebenfalls ein höheres Risiko haben, selbst zu erkranken.

Ungleichgewicht im Hirnstoffwechsel:

Es gibt Hinweise darauf, dass bei depressive Menschen bestimmte Botenstoffe im Gehirn nicht mehr in ausreichender Konzentration vorliegen oder nicht mehr richtig transportiert werden. Das betrifft vor allem Serotonin, Dopamin und Noradrenalin aber auch weitere Stoffe, die für die Signalübertragung zwischen den einzelnen Nervenzellen zuständig sind. Wenn diese Kommunikation gestört ist, schlägt sich dies in den

Gedanken und Gefühlen der betroffenen Person nieder. Auch die Entstehung weiterer depressionstypischer Symptome wie Schlaflosigkeit, mangelnder Appetit und Antriebslosigkeit ließe sich durch zu niedrige Konzentration dieser Botenstoffe erklären. Insgesamt sind diese Vorgänge aber hochkomplex und können noch nicht vollständig erklärt werden.

Probleme mit der Cortisolregulation:

Ein wichtiger Faktor bei der Entstehung von Depressionen ist Stress. Unter akutem Stress, aber auch bei Infektionserkrankungen und traumatischen Erlebnissen produziert der Körper nämlich vermehrt das Stresshormon Cortisol, das in hoher Konzentration depressionstypische Verhaltensänderungen hervorruft: Schlafstörungen, Appetitlosigkeit, negative Gedanken, verstärkte Ängste und eine verminderte Libido können die Folge sein. Normalerweise kann der Körper die Cortisol-Ausschüttung regulieren, bei depressiven Menschen scheint dieser Vorgang aber nicht richtig zu funktionieren.

Andererseits kann auch eine Depression Stress verursachen, in dessen Folge Cortisol produziert wird. Auch manche Krankheiten bewirken eine Ausschüttung des Hormons. Es ist also sehr schwierig, die genauen Zusammenhänge darzustellen und die richtigen Schlüsse zu ziehen.

Hormone

Eine Änderung im Hormonhaushalt kann ebenfalls eine Depression herbeirufen. Gerade Frauen wissen oft aus eigener Erfahrung, wie stark Hormone die Stimmung und Gefühlslage beeinflussen können, zum Beispiel während der Schwangerschaft oder vor dem Einsetzen der Menstruation (PMS). Auch die postnatale Depression wird nach neuesten Erkenntnissen vor allem durch hormonelle Umstellungen nach der Geburt ausgelöst, auch wenn dabei ebenfalls eine gewisse Veranlagung der Mutter eine wichtige Rolle spielt. Frauen, die in ihrer Vergangenheit traumatische Erfahrungen machen mussten oder bereits depressive Episoden durchlebt haben, erkranken zum Beispiel häufiger an einer Wochenbettdepression. Doch auch kulturelle, psychische und biologische Einflüsse spielen eine Rolle.

Krankheiten

Auch manche Erkrankungen können mitverantwortlich für die Entstehung einer Depression sein. Dazu gehören etwa Parkinson, Krebs, Schilddrüsenunterfunktion und Hormonstörungen. Überhaupt stellen schwere und chronische Krankheiten eine Dauerbelastung der Psyche dar, die bei verletzlicheren Menschen zur Depression führen kann.

Medikamente und Drogen

Bestimmte Arzneimittel können als Nebenwirkung Depressionen verursachen. Dazu gehören Medikamente, die bei Herz-Kreislauf-Erkrankungen verwendet werden (Betablocker), Cortison (in hoher Dosierung), Antiepileptika, Beruhigungsmittel aber auch hormonelle Verhütungsmittel.

Auch der Missbrauch von Drogen kann zu einer Depression führen. Hier ist besonders Alkohol zu nennen. Doch auch andere berauschende Substanzen greifen in Prozesse im Gehirn ein und können depressive Episoden auslösen. Depressionen werden durch Suchterkrankungen begünstigt oder können als Entzugserscheinung auftreten. Andersherum können Depressionen auch in die Sucht führen, besonders Alkohol, Nikotin oder Marihuana werden gern zur "Selbsttherapie" verwendet.

Psychosoziale Gründe

<u>Probleme in der Kindheit</u>

Manchmal muss man bei der Suche nach der Ursache einer Depression weit zurückblicken. Ganz klischeehaft liegt diese nämlich oft in einer gestörten Kindheit der betroffenen Person. Ein ängstlicher-beschützender Erziehungsstiel kann etwa zu einer "erlernten Hilflosigkeit" führen, das nun erwachsene Kind hat nie richtig gelernt, wie es sich in Stress und Krisensituationen verhalten kann und diese erfolgreich bewältigen kann. Doch diese Theorie sollte man vorsichtig betrachten. Vielleicht haben die Eltern schon sehr früh die erhöhte Vulnerabilität ihres Kindes erkannt und lassen ihm darum besonders viel Schutz und Aufmerksamkeit zukommen.

Viel öfter wird das Gegenteil der Fall sein. Ein Kind, das in einer lieblosen Umgebung aufwächst, von seinen Eltern abgelehnt oder erniedrigt wird, kann kein gesundes Selbstwertgefühl entwickeln und kann dadurch im späteren Leben anfälliger für Depressionen sein. Das gleiche gilt für Kinder, die schon früh traumatische Erlebnisse durchmachen mussten, etwa den Verlust eines Elternteils, einen Unfall, Missbrauch, Isolation, Krankheit oder Konflikte in der Familie. Gerade wenn das Trauma nie richtig aufgearbeitet wurde, kann eine erneute Krisensituation den Ausbruch einer Depression begünstigen.

Persönlichkeit und Lebenseinstellung

Den Einfluss der Persönlichkeit, der individuellen Denkmuster und Lebenseinstellung auf die Entstehung einer Depression sollte nicht unterschätzt werden. Menschen, die zur Überkorrektheit, Selbstunsicherheit und übertriebenen Ordentlichkeit bis hin zum Perfektionismus neigen, die sich selbst hohe Anforderungen stellen und gleichzeitig sehr selbstkritisch sind, scheinen eher an Depressionen zu erkranken, als andere.

Sonstiges

Die Winterdepression, die zu den jahreszeitabhängigen emotionalen Störungen gehört, wird wahrscheinlich durch Lichtmangel ausgelöst.

Symptome

Depressionen können jeden treffen. Doch einige trübselige Tage sind noch keine Depression, auch wenn wir sagen, dass wir "deprimiert" sind. Solche Phasen sind ganz normal und gehen auch von allein wieder vorbei. Jeder Mensch fühlt sich mal niedergeschlagen oder hat keine Lust, etwas zu unternehmen. Es gibt aber einige wichtige Merkmale, an denen eine Depression von solchen temporären Verstimmungen unterschieden werden kann und genau darum soll es in diesem Kapitel gehen.

Erste Anzeichen

Mitunter treten bereits einige Frühsymptome auf, mit denen sich eine entstehende depressive Episode ankündigt. Sie können nach einem belastenden Erlebnis in Erscheinung treten, aber auch ganz ohne einen erkennbaren Anlass. Sie sind nicht immer zu erkennen und können auch von anderen Erkrankungen verursacht werden. Gerade bei wiederkehrenden depressiven Episoden kann es nützlich sein, als betroffene oder nahestehende Person einen herannahenden Schub zu erkennen und rechtzeitig Hilfe zu suchen oder zu bieten.

Auch wiederkehrende Schübe kündigen sich mit solchen Symptomen an, die ein erfahrener Arzt frühzeitig zu deuten weiß. Erste Anzeichen können sein:

- unspezifische Schmerzen

- Energiemangel und dauernde Müdigkeit

- Reizbarkeit und "schlechte Laune"

- plötzliches Auftreten von Angstgefühlen

- zunehmende Lustlosigkeit

- vermindertes oder nachlassende sexuelles Interesse

- Appetitlosigkeit

- Schlafstörungen

Natürlich können solche Beschwerden auch auf eine andere Krankheit hinweisen oder nach kurzer Zeit wieder verschwinden, etwa wenn die auslösende Situation (z.B. Stress am Arbeitsplatz) nicht mehr besteht. Sollten sie jedoch bleiben, stärker werden und sich zu einer depressiven Episode entwickeln, ist es höchste Zeit, professionelle Hilfe in Anspruch zu nehmen.

Hauptsymptome

1. Niedergeschlagene, depressive Stimmung:

Dieses Symptom ist für Außenstehende nur schwer zu begreifen. Die Betroffenen empfinden eine Art innere Leere, sie erleben nicht mehr die große Bandbreite an Emotionen, die ein gesunder Mensch zu fühlen vermag. Sie fühlen sich "gefühlstot" oder sind "wie versteinert". Hinzu kommt eine tiefe Mut- und Hoffnungslosigkeit gepaart mit unabwendbarer Verzweiflung. Auch für Mitmenschen positiv erscheinende Erlebnisse oder Ereignisse haben keinen Einfluss auf die Gefühlslage des Betroffenen.

2. Freudlosigkeit, Interessenverlust

Eine Depression nimmt dem betroffenen Menschen nach und nach die Fähigkeit, Freude zu empfinden und sich für etwas zu begeistern. Nichts macht mehr Spaß. Nicht nur die Freude am Leben geht verloren, sondern auch das Interesse an früher gern ausgeübten Tätigkeiten. Hobbys, Freundschaften und Beziehungen werden vernachlässigt und der Betroffene zieht sich zurück. Das Gefühl der Lustlosigkeit kann auch zum Verlust der Libido führen.

3. Müdigkeit und Antriebslosigkeit

Das dritte charakteristische Kennzeichen für eine Depression ist die permanente Müdigkeit und der Energieverlust, der das Leben der betroffenen Personen entscheidend beeinträchtigt. Das kann soweit führen, dass der Patient nicht mehr in der Lage ist, am Alltag teilzunehmen. Er fühlt sich schon morgens wie gerädert und allein das Aufstehen kostet unglaublich viel Energie. Anfangs werden vor allem größere Unternehmungen als besonders kraftraubend empfunden, später kosten selbst kleine, alltägliche Verrichtungen viel Mühe oder es fehlt gleich ganz die Energie dazu. Die Antriebslosigkeit kann sogar dazu führen, dass der Betroffene sich selbst vernachlässigt, da selbst die Kraft zum Duschen oder Essen zubereiten fehlt. Manche depressive Menschen empfinden diese Energielosigkeit wie eine tonnenschwere Last, die auf ihnen lastet oder an ihnen hängt und die sie nicht abschütteln können.

Nebensymptome

Neben den drei Hauptsymptomen gibt es weitere Symptome, die ebenfalls häufig auftreten können.

1. Konzentrationsprobleme und verminderte Aufmerksamkeit:

Betroffene haben oft Schwierigkeiten damit, sich auf etwas zu konzentrieren. Die Kreativität leidet, das Denkvermögen ist eingeschränkt und es kann sogar zu Gedächtnisstörungen kommen. Im Extremfall können die Symptome sogar mit einer Demenz verwechselt werden!

2. Selbstzweifel und mangelndes Selbstwertgefühl, sowie Schuldgefühle

Ein recht typisches Symptom sind der Verlust des Selbstvertrauens und starke Selbstzweifel. Depressive Menschen nehmen sich selbst oft als wertlos, nutzlos und Belastung für ihr Umfeld wahr. Das ist besonders schwierig, da sie selbst machtlos gegen dieses Gefühl sind und nicht in der Lage sind, es zu ändern. Sie neigen zum Grübeln und sind äußerst kritisch mit sich selbst. Im Extremfall kommt es zu Wahnvorstellungen.

3. Pessimistische Zukunftsvorstellungen

Wer eine Depression hat, ist oft nicht mehr in der Lage, sich eine positive Zukunft vorzustellen oder diese aktiv zu planen. Jede Hoffnung auf Besserung geht verloren und jeder neue Tag wird als weitere Belastung erlebt. Typisch ist auch eine übertriebene Sorge um die Zukunft und ein Gefühl der Hilflosigkeit. Die Situation erscheint ausweglos.

4. Ängste

Etwa 80 % der an Depressionen erkrankten Menschen leiden zusätzlich an Angstgefühlen, die von gelegentlichen Panikattacken und unbestimmten Angstzuständen bis hin zu ausgewachsenen Angststörungen reichen.

5. Selbstmordgedanken

Wenn die negativen Gedanken, die Hoffnungslosigkeit und die innere Leere immer mehr Raum einnehmen und dadurch der Leidensdruck immer stärker wird, erscheint der eigene Tod manchmal als einziger Ausweg aus der Dunkelheit. Beinah alle Patienten mit einer schweren Depression haben Suizidgedanken. Es wird vermutet, dass etwa 10 % der von schweren und wiederkehrenden depressiven Störungen betroffenen Menschen durch Selbstmord versterben. Wenn ein depressiver Mensch nur die leisesten Anzeichen äußert, Selbstmord begehen zu wollen, sollte umgehend ein Arzt oder ein Krankenhaus aufgesucht werden! Solltest du selbst viel über den Tod nachdenken oder Suizidgedanken haben, dann such dir bitte umgehend Hilfe!

In den allermeisten Fällen treten nicht alle diese Symptome gleichzeitig auf. Viele Patienten leiden an mindestens zwei Haupt- und zwei Nebensymptomen, deren Heftigkeit mit dem Tagesverlauf schwankt. Typisch ist ein morgendliches Tief mit einer leichten Verbesserung der Beschwerden am Nachmittag.

Körperliche Symptome

Körper und Seele bilden eine Einheit. Darum ist es nur logisch, dass eine psychische Erkrankung wie die Depression auch ganz konkrete körperliche Symptome hervorrufen kann.

Viele Betroffene klagen über massive Schlafstörungen. Sie haben Probleme mit dem Einschlafen, erwachen mitten in der Nacht oder früh am Morgen und haben dann mit besonders heftigen Symptomen zu kämpfen. Häufig ist eine Verminderung des Appetits zu beobachten, in deren Folge der Betroffene an Gewicht verliert. Die zu den Hauptsymptomen zählende Antriebslosigkeit kann sich auch körperlich äußern: Der Patient redet langsam und leise, Mimik und Gestik sind starr und alle Bewegungen zäh und langsam. Im Extremfall kann der Betroffene nur unter größter Anstrengung sprechen oder sich bewegen.

Weitere körperliche Beschwerden sind Schmerzen, Atembeschwerden, Verdauungsbeschwerden oder Druckgefühle auf der Brust und Kreislaufprobleme. Manchmal sind diese Symptome so stark, dass sie andere Depressionsanzeichen überlagern und die Diagnose dadurch erschweren.

Außerdem sind depressive Menschen oft weiteren Gesundheitsrisiken ausgesetzt, da sie tendenziell einen ungesünderen Lebensstil führen. Wer eine akute Depression hat, dem fehlt meistens die Kraft, sich um einen gesunden Lebensstil oder eine ausgewogene Ernährung zu kümmern und dass die typischen Symptome einer Depression zu Bewegungsmangel führen, erklärt sich ja fast von selbst.

Eine Depression gilt als Risikofaktor für andere Krankheiten, etwa Diabetes oder Herz-Kreislauf-Erkrankungen und kann bereits vorhandene Erkrankungen verschlimmern. Umgekehrt erhöht eine Behandlung der Depression auch die Heilungschancen für andere Krankheiten. Das Immunsystem depressiver Menschen ist geschwächt. Ältere Menschen, die an einer Depression leiden, geraten leicht in lebensbedrohliche Situationen, wenn sie sich zurückziehen und nicht daran denken, zu essen oder zu trinken.

Unterschiede zur Trauer

Auch wenn die Symptome einer Depression von außen denen einer tiefen Trauer, etwa nach einem einschneidenden Verlust, ähneln, gibt es doch einige entscheidende Unterschiede. Wer trauert ist nicht depressiv und Depressive sind nicht traurig. Ein Trauernder ist neben seiner Traurigkeit immer noch in der Lage, auch andere Gefühle zu empfinden. Durch Trost und Zuspruch geliebter Menschen kann sich die Stimmung der trauernden Person vorübergehend bessern. Mit der Zeit wird sie sich auch wieder an schönen Erlebnissen erfreuen können, auch wenn die Trauer natürlich ein langer Wegbegleiter sein kann. Es ist aber auch möglich, dass tiefe Trauer zum Auslöser einer depressiven Episode wird.

Unterschiede zur Winterdepression

Die Winterdepression gehört zu den von der Jahreszeit abhängigen emotionalen Störungen. Sie beginnt in den Herbst- und Wintermonaten und hält meistens bis zum Frühling an. Typischerweise tritt sie jedes Jahr wieder auf. Während dieser Zeit fühlen sich die Betroffenen zunehmend energielos und schlapp, ihre Stimmung ist gedrückt, sie sind ständig müde und schlafen viel mehr als sonst. Typisches Merkmal ist ein gesteigerter Appetit, meistens auf Süßigkeiten, der eine Gewichtszunahme verursachen kann. Als Verursacher der Winterdepression wird ein veränderter Biorhythmus und eine gestörte Hormonproduktion (meist Serotonin und Melatonin), bedingt durch den winterlichen Mangel an Sonnenlicht, angenommen.

Diagnose

Die Depression ist eine ernstzunehmende Krankheit. Je schneller sie erkannt wird, umso besser kann sie behandelt werden und umso höher stehen auch die Chancen des Patienten auf eine vollständige Genesung ohne Rückfall. Wer glaubt, dass eine Depression hinter seinen Beschwerden steckt, der sollte umgehend seinen Hausarzt, einen Psychiater oder Psychotherapeuten aufsuchen. In den allermeisten Fällen ist aber der Hausarzt Ansprechpartner Nummer eins.

Es klingt unglaublich, aber noch immer werden 50 % aller depressiven Störungen nicht als solche erkannt. Das liegt vor allem an der individuellen Ausprägung der Symptome, die sich in ihrer Stärke, Zusammensetzung und Dauer von Mensch zu Mensch unterscheiden und dadurch die Diagnose erschweren. Da psychische Erkrankungen noch immer mit einem Tabu behaftet sind, schämen sich Betroffene möglicherweise, ihre seelischen Probleme mit einem Arzt zu besprechen, deuten diese als normale Stimmungsschwankungen oder glauben, die Ursache sei physischer Natur. So wird der Arzt oft aufgesucht, um die körperlichen Beschwerden untersuchen und behandeln zu lassen, während die psychischen Leiden weiterhin unentdeckt bleiben. Besonders Männer neigen dazu, die körperlichen Symptome in den Vordergrund zu stellen. Aus diesem

Grund bemüht sich die Stiftung "Deutsche Depressionshilfe" Ärzte für die Erkennung von Depressionen zu sensibilisieren und neue Diagnoseverfahren zu etablieren. Ärzte, Vereine und Selbsthilfegruppen leisten zudem Aufklärungsarbeit, um die gesellschaftliche Stigmatisierung psychischer Krankheiten aus der Welt zu schaffen.

Bevor der Arzt eine Depression diagnostizieren kann, muss er den Patienten genau untersuchen und eine ausführliche "Bestandsaufnahme" (Anamnese) vornehmen. Er wird die medizinische und biografische Vorgeschichte des Patienten erfragen, den gegenwärtigen körperlichen und geistigen Zustand erfassen und auch die aktuelle Lebenssituation beachten. Gerade bei psychischen Erkrankungen werden auch die nahen Angehörigen des Patienten befragt (Fremdanamnese). Alle diese Informationen zusammen geben dem Arzt Aufschluss über die Herkunft der Symptome.

Die körperlichen Untersuchungen umfassen eine Blutuntersuchung und meistens auch eine Computertomografie des Gehirns, um Nährstoffmangel, niedrigen Blutzucker, Schilddrüsenunterfunktionen, Demenz oder eine Veränderung des Gehirns als Ursache der depressiven Störung ausschließen zu können. Sollte sich der Verdacht der Depression bestätigen, wird der Arzt den Patienten entweder an eine spezialisierte Klinik weiterleiten oder, bei leichteren Formen, an einen ambulanten Psychiater oder Psychotherapeuten überweisen, wenn er denn nicht selbst einer ist. Anschließend wird ein individueller Behandlungsplan für den Patienten erstellt, um ihm sofort helfen zu können. Welche Therapiemöglichkeiten es gibt, erfährst du im anschließenden Kapitel.

Einteilung der Symptome nach ICD-10

Das Klassifikationssystem ICD-10 (International Classification of Disorders) der Weltgesundheitsorganisation wird auch in Deutschland verwendet, um Schwere und Art der Depression zu bestimmen. Darin werden Anzahl, Schwere und Dauer der bereits erwähnten Haupt- und Nebensymptome erfasst, nicht aber die Ursache der Erkrankung. Unter dem Schlüssel "F.32.-" werden die Symptome wie folgend eingeordnet:

- **Leichte depressive Episode (F.32.0)**: Mindestens zwei Haupt- und zwei Nebensymptome liegen seit mindestens zwei Wochen vor. Der Patient fühlt sich krank und sucht darum ärztlichen Rat. Er kann privaten und beruflichen Aufgaben noch nachkommen, besonders wenn es sich um Routineaufgaben handelt. Allerdings kommt es zu Leistungseinbußen.

- **Mittelschwere depressive Episode (F32.1)**: Über einen Zeitraum von mindestens zwei Wochen treten zwei Hauptsymptome und drei bis vier Nebensymptome auf. Der Patient hat zunehmend Probleme damit, beruflichen und privaten Verpflichtungen nachzukommen. Oftmals können diese nicht mehr oder nur noch zeitweilig bewältigt werden.

- **Schwere depressive Episode ohne psychotische Symptome (F.32.2)**: Der Patient leidet seit mindestens zwei Wochen unter allen drei Haupt- und mindestens vier Nebensymptomen. Er benötigt ständige Betreuung, am besten in einer Klinik.

- **Schwere depressive Episode mit psychotischen Symptomen (F.32.3)**: Der Patient leidet seit mindestens zwei Wochen unter allen drei Haupt- und mindestens vier Nebensymptomen und zeigt zusätzlich psychotische Symptome, wie Wahngedanken oder absurden Schuldgefühlen

Es gibt übrigens verschiedene Formen der Depression. Wer ausschließlich an depressive Episoden erleidet, hat eine unipolare Depression. Diese Episoden können immer wiederkehren, besonders wenn sie nicht oder nicht konsequent behandelt werden und unterschiedlich lang anhalten (Wochen bis Monate!).

Wenn ein Patient neben depressiven auch manische Episoden entwickelt, spricht man von einer bipolaren affektiven Störung. Typisch für eine manische Episode ist eine ständig gehobene, überschwängliche oder auch gereizte Stimmung, die länger als eine Woche andauert. Der Betroffene zeigt einen unbändigen Tatendrang und ein übersteigertes Selbstbewusstsein bis hin zum Größenwahn. Das Schlafbedürfnis sinkt, der Patient kann sich nicht mehr richtig konzentrieren und wird ständig abgelenkt. Seine Gedanken scheinen zu rasen und er redet viel mehr als sonst.

Eine dritte Form der Depression ist die Dysthymie, eine leichte aber chronisch verlaufende Erkrankung, die meist im jungen Erwachsenenalter beginnt.

Behandlungsmöglichkeiten

Überblick

Die Depression ist zwar eine sehr häufige und nicht ganz ungefährliche psychische Störung, sie kann jedoch sehr gut behandelt werden. Einen pauschalen Behandlungsverlauf gibt es nicht. Meistens wird eine medikamentöse Behandlung mit einer Psychotherapie kombiniert, wobei die genauen Therapiemaßnahmen und die Dauer der Behandlung vom individuellen Krankheitsverlauf und auch vom Auslöser der depressiven Episode abhängen. Neben diesen beiden Grundsäulen der Depressionsbehandlung können weitere Maßnahmen, etwa Bewegungstherapien, Sport, Entspannungstechniken, Yoga oder eine Wachtherapie hilfreich sein.

Oft wird die Behandlung einer Depression in drei Phasen angelegt. Die Akutbehandlung beginnt idealerweise so bald wie möglich nach dem Auftreten der depressiven Episode und konzentriert sich auf die Linderung der Symptome, um dem Patienten rasch wieder einen normalen Alltag zu ermöglichen. In der Regel dauert die Akutbehandlung sechs bis acht Wochen. Wichtiger Bestandteil dieser Therapiephase ist die Psychoedukation, also die Aufklärung des Patienten und seiner Angehörigen über die Krankheit und die

Möglichkeiten der Behandlung. Da die Mitarbeit des Patienten für den Therapieerfolg entscheidend ist, ist es wichtig, dass er genau versteht, was mit ihm los ist und warum. Der behandelnde Arzt sollte sich nicht hinter medizinischen Fachbegriffen verstecken, sondern verständlich und klar mit seinem Patienten kommunizieren. Neben dem Einzelgespräch gibt es auch Gruppentreffen, bei denen mehrere Patienten mit der gleichen Krankheit gemeinsam informiert werden und sich anschließend über ihre Erfahrungen austauschen können. Solche Gruppentreffen können einen wirklich positiven Effekt auf den individuellen Krankheitsverlauf haben und sind den Betroffenen und ihren Angehörigen oft eine große Unterstützung. Nicht nur in der Anfangsphase der Depressionstherapie ist auch der Kontakt zum behandelnden Arzt sehr wichtig. Ein guter Arzt nimmt sich Zeit für alle Fragen des Patienten, bespricht mit ihm gemeinsam den Therapieplan und überwacht dessen Einhaltung. Wer sich bei seinem Arzt unwohl fühlt, sollte nicht zögern, sich eine andere Praxis zu suchen, schließlich ist ein vertrauensvolles Verhältnis zwischen Patient und Arzt für eine erfolgreiche Behandlung von größter Wichtigkeit. Bei einer leichten Depression reicht eine ambulante Psychotherapie meistens aus, während bei mittleren und schweren Krankheitsverläufen sowie bei Suizidgedanken zusätzlich auch Antidepressiva verabreicht werden. Da die Wirkung der meisten Medikamente erst nach einigen Tagen bis Wochen eintritt, ist es in dieser Zeit eine psychotherapeutische Begleitung und je nach Fall auch eine stationäre Aufnahme notwendig.

Sind die schlimmsten Symptome abgeklungen, gilt es den psychischen Zustand des Patienten zu stabilisieren und eine Rückkehr der Symptome zu verhindern.

Man spricht von der Erhaltungstherapie (auch: Verschlechterungsprophylaxe), deren Ziel es ist, den Patienten für mindestens 4 bis 9 Monate stabil zu halten, ohne dass die Symptome wiederkehren bzw. sich verschlechtern. Sollte es dennoch zu einem Rückfall kommen, kann der Therapeut diesen schon an ersten Anzeichen erkennen und gezielt Gegenmaßnahmen ergreifen.

Für Patienten, die ein erhöhtes Risiko für ein erneutes Auftreten depressiver Episoden haben, bietet sich eine Langzeitbehandlung an, um Rückfällen vorzubeugen oder sie zumindest rechtzeitig zu erkennen und zu behandeln. Manche Menschen benötigen diese "Rezidivprophylaxe" bis zu mehrere Jahre oder sogar ihr ganzes Leben lang, etwa weil ihre Beschwerden trotz Akut- und Erhaltungstherapie nicht vollständig verschwunden sind oder weil sie in schwierigen Lebensumständen leben, die als Auslöser depressiver Episoden in Frage kommen.

Pharmakotherapie

Bei mittelschweren bis schweren Depressionen ist eine medikamentöse Therapie unverzichtbar. Sie bildet die Grundlage für die weitere psychotherapeutische Behandlung. In diesem Abschnitt erhältst du einen kleinen Überblick über die gängigen Antidepressiva und was sie bewirken. Genauere Fragen zu Wechsel- und Nebenwirkungen und weiteren Details kann Dir aber nur dein behandelnder Arzt oder Apotheker beantworten.

Bei Depressionen ist die Signalübertragung im Gehirn durcheinander geraten. Die verordneten Medikamente stellen das Gleichgewicht der Botenstoffe (v.a. Serotonin und Noradrenalin) wieder her, die bei depressiven Menschen nicht aktiv genug sind. Erfahrungsgemäß dauert es etwa zwei Wochen, bis die Medikamente zu wirken beginnen. Diese Wartezeit ist besonders kritisch und erfordert viel Geduld des Patienten sowie eine gute Betreuung durch den behandelnden Arzt.

Durch die Normalisierung der Signalübertragung im Gehirn hellt sich die Stimmung des Patienten auf, er hat wieder mehr Antrieb und Energie. Gleichzeitig bessern sich die körperlichen Beschwerden (z.B. Schlafstörungen, Schmerzen und Verdauungsprobleme) und damit auch der Leidensdruck des betroffenen Menschen.

Es gibt viele verschiedene Antidepressiva die von verschiedenen Herstellern unter zahlreichen

Bezeichnungen gehandelt werden. Hier sollen nur einige grundlegende Antidepressiva-Typen genannt werden:

- MAO-Hemmer – nicht-selektive Monoaminooxidase-Hemmer, hemmen das Enzym Monoaminooxidase, das am Abbau von Serotonin, Dopamin und Noradrenalin beteiligt ist. Man unterscheidet zwischen irreversiblen und reversiblen Substanzen, letztere werden auch als RIMA (reversible Monoaminooxidase-Hemmer) bezeichnet. Mittlerweile werden andere Wirkstoffe den MAO-Hemmern vorgezogen.

- TZA – trizyklische Antidepressiva, haben eine stark stimmungsaufhellende Wirkung und werden schon relativ lange zur Behandlung von Depressionen eingesetzt. Sie verhindern, dass die Botenstoffe Serotonin, Noradrenalin und Dopamin wieder von den Nervenzellen des Gehirns aufgenommen werden. Dadurch soll der Mangel dieser Neurotransmitter ausgeglichen werden. Auch diese Wirkstoffe gelten heutzutage nicht mehr als Mittel erster Wahl, da sie recht starke Nebenwirkungen haben und nur wenig selektiv wirken.

- TeZA – tetrazyklische Antidepressiva, sind eine Weiterentwicklung der TZA und ähneln ihnen in Aufbau und Wirkung.

- SSRI – selektive Serotonin-Wiederaufnahmehemmer, wirken ausschließlich am Serotonin-Transporter und gehören damit zu den selektiven Antidepressiva. Wie ihr Name schon verrät, hemmen sie die Wiederaufnahme des Neurotransmitters Serotonin und erhöhen so dessen Konzentration im Gehirn.

- SNRI (auch: NARI) – selektive Noradrenalin-Wiederaufnahme-Hemmer (*NorAdrenalin-Reuptake-Inhibitor*), wirken ausschließlich am Noradrenalin-Rezeptor und verhindern die Aufnahme des Neurotransmitters. Dopamin- und Serotonin-Transporter werden nicht beeinflusst und verursachen weniger Nebenwirkungen als die älteren TZA.

- SSNRI – selektive Serotonin-Noradrenalin-Wiederaufnahmehemmer, noch relativ junge Gruppe der Antidepressiva, wirken gezielt an Serotonin- und Noradrenalin-Rezeptoren und verhindern die Wiederaufnahme dieser Botenstoffe in die Nervenzellen, was eine

Signalverstärkung bewirkt. Das Dopaminsystem wird nicht beeinflusst. Sie haben weniger Nebenwirkungen als TZA.

- NaSSA – Noradrenergic and Specific Serotonergic Antidepressant (deutsch: *Noradrenerges und spezifisch serotonerges Antidepressivum*), zählen zu den modernen Antidepressiva, es handelt sich gleichzeitig um tetrazyklische Wirkstoffe. Ihre Wirkung ähnelt denen der SSNRI-Antidepressiva, doch sie besitzen eine sehr viel stärkere antihistaminerge und sedierende Wirkung.

Bei leichteren depressiven Störungen können auch pflanzliche Mittel, z.B. Johanniskrautpräparate zum Einsatz kommen. Diese sind aber keineswegs "sanfter" als "chemische" Medikamente, können starke Nebenwirkungen verursachen und vertragen sich nicht mit manchen anderen Arzneimitteln. Johanniskraut erhöht zum Beispiel die Lichtempfindlichkeit der Haut und beeinflusst die Wirkung hormoneller Verhütungsmittel.

Welches Medikament am besten geeignet ist, entscheidet natürlich der Arzt. Leidet der Patient auch unter anderen Beschwerden, z.B. starken Ängsten, Schlafstörungen oder innerer Unruhe, können zu deren Linderung weitere Medikamente verordnet werden.

Was ist bei der Einnahme von Antidepressiva zu beachten?

Antidepressiva sollten entsprechend der ärztlichen Verordnung und ausreichend lange eingenommen werden, meistens während der Akutbehandlung und der Erhaltungstherapie. Nur so kann ein Rückfall wirksam verhindert werden. Je nach Schwere der Depression und Verfassung des Patienten müssen Antidepressiva auch noch länger eingenommen werden. Letztendlich unterscheiden sie sich dadurch nicht von anderen Arzneimitteln, die, etwa bei Herz-Kreislauf-Erkrankungen, ebenfalls mehrere Jahre lang eingenommen werden müssen.

Auch wenn der Patient sich schon besser fühlt, darf das Medikament nicht eigenmächtig abgesetzt oder die Dosierung verringert werden!

Natürlich haben Antidepressiva, wie alle Medikamente, Nebenwirkungen, über die der Arzt den Patienten aufklären wird. Der Beipackzettel listet alle nur möglichen Nebenwirkungen auf, auch solche, die nur sehr selten auftreten. Diese Informationen sind nicht immer leicht einzuordnen und können den Betroffenen stark verunsichern. Im Zweifelsfall sollte man sich immer mit seinem Arzt oder Apotheker in Verbindung setzen. In den meisten Fällen überwiegt aber die positive Wirkung des Antidepressivums. Sollte es doch zu starken Nebenwirkungen kommen oder das verordnete Medikament auch nach zwei bis sechs Wochen keine

Wirkung zeigen, sollte der Patient das Mittel zunächst weiterhin einnehmen, sich aber umgehend mit seinem Arzt in Verbindung setzen. In solchen Fällen kann ein Wirkstoffwechsel oder eine andere Dosierung des Medikaments angebracht sein.

Über Antidepressiva kursieren viele Gerüchte, die Patienten und ihre Angehörigen verunsichern können. Manche Menschen lehnen auch die Einnahme von Psychopharmaka ab, obwohl sie bei körperlichen Erkrankungen nicht vor der Einnahme von Arzneimitteln zurückschrecken würden. Dabei liegt auch bei einer depressiven Episode eine körperliche Störung vor, wir haben es im Kapitel "Ursachen und Risikofaktoren" bereits erfahren.

Wer Medikamente zur Behandlung seiner Depression verschrieben bekommen hat, sollte sich daher genau über das entsprechende Arzneimittel informieren und auch nicht zögern, seinen Arzt über die Wirkung des Antidepressivums auszufragen. Schließlich kann es nur dann seine entsprechende Wirkung entfalten, wenn der Betroffene von der Wirkung der Behandlung überzeugt ist und das Medikament ausreichend lange einnimmt.

Also, welche Vorurteile gibt es über Antidepressiva und was ist dran an ihnen?

"Antidepressiva machen abhängig."

Keine Sorge, Antidepressiva machen NICHT abhängig, auch bei längerer Einnahme nicht. Der Patient sollte keine Angst vor der Medikamenteneinnahme haben, sondern sein Arzneimittel als ein positives und hilfreiches Werkzeug betrachten, das seine Beschwerden lindern und seine Lebensqualität wiederherstellen wird. Bei Beruhigungs- und Schlafmitteln aus der Gruppe der Benzodiazepinen sieht es schon anders aus: Diese Medikamente können süchtig machen und beim Absetzen Probleme verursachen.

"Antidepressiva verändern die Persönlichkeit."

Viele Patienten befürchten, dass ein Antidepressivum ihre Persönlichkeit verändern könnte und sie dann nicht mehr "sie selbst" sind. Diese Sorge ist zum Glück unberechtigt, die Medikamenten werden niemanden seiner Persönlichkeit berauben. Im Gegenteil, sie helfen den betroffenen Menschen, wieder die Kontrolle über ihr Leben zurückzuerlangen. Sie erhalten neuen Antrieb, können wieder mehr Emotionen empfinden und fühlen sich nach erfolgreicher Behandlung so gesund wie früher. Leider fürchten sich viele Menschen vor Veränderungen, auch wenn es sich um eine Verbesserung handelt und es ihnen eigentlich wirklich schlecht geht. Solche Ängste sollten mit dem behandelnden Arzt unbedingt besprochen und in der Therapie berücksichtigt werden

"Antidepressiva bekämpfen nur die Symptome und nicht die eigentliche Depression."

Auch diese Aussage stimmt nicht. Antidepressiva gehen gezielt gegen die depressive Störung vor, bringen die Konzentration der Botenstoffe im Gehirn wieder auf Normalniveau und normalisieren so die Signalübertragung zwischen den Nervenzellen.

Natürlich kann die Einnahme eines Medikaments die Probleme des Patienten nicht lösen. Gegen Stress in der Partnerschaft oder im Beruf, Unzufriedenheit, Ängste und schwierige Lebensumstände gibt es keine Pille. Doch die medikamentöse Behandlung kann dem Betroffenen helfen, seine Probleme wieder realistisch wahrzunehmen. In Zusammenarbeit mit dem behandelnden Arzt kann er dann an der Lösung dieser Probleme arbeiten und negative Denkmuster und Verhaltensweisen gezielt hinterfragen.

Psychotherapie

Es gibt nicht nur die Psychotherapie, wie es auch nicht das Antidepressivum gibt. Vielmehr existieren verschiedenste Therapieformen, die auf unterschiedlichen Grundannahmen basieren. Bei leichten Depressionen kann eine Psychotherapie als Behandlung ausreichen und bei mittleren bis schweren Depressionen ist sie für den Behandlungserfolg genauso wichtig, wie die Pharmakotherapie. In diesem Abschnitt sollen einige der existierenden Therapieformen vorgestellt werden, die zur Behandlung von depressiven Störungen verwendet werden.

Kognitive Verhaltenstherapie

Die kognitive Verhaltenstherapie basiert auf der Annahme, dass jedes Verhalten erlernt ist, und sowohl beibehalten als auch wieder verlernt werden kann. Dabei wird unter "Verhalten" nicht nur die körperliche Reaktion auf äußere und innere Reize verstanden, sondern auch nicht nachweisbare Vorgänge, die im Inneren eines jeden Menschen stattfinden: Gefühle, Gedanken, Bewertungen und Motive. Es wird davon ausgegangen, dass unsere Gefühle, körperlichen Reaktionen und unser Verhalten durch die Art und Weise unseres Denkens bestimmt wird.

Psychische Störungen, Depressionen eingeschlossen, sind aus Sicht der Verhaltenstherapie nichts anderes, als erlerntes Fehlverhalten. Damit sind sowohl das Verhalten selbst, als auch negative Denkmuster gemeint, die sich der Betroffene bereits in seiner Kindheit oder Jugend angeeignet hat. Solch problematisches Verhalten kann wieder verlernt und durch bessere, angemessenere Verhaltensweisen oder Denkmuster ersetzt werden.

Es gibt viele verschiedene Formen und Weiterentwicklung der Verhaltenstherapie. Sie gehört zu den am häufigsten eingesetzten und am besten wissenschaftlich untersuchten Therapieformen, die bei Suchterkrankungen, Essstörungen, Persönlichkeitsstörungen, psychotischen Erkrankungen, Belastungsstörungen und eben auch affektiven Störungen wie der Depression erfolgreich eingesetzt wird. Die kognitive Verhaltenstherapie ist eine davon und erzielt besonders bei Depressionen gute Ergebnisse.

Zu Beginn der Therapie versuchen Patient und Therapeut gemeinsam, das Problem zu analysieren und herauszufinden, welche Verhaltensmuster sich dahinter verbergen, woher sie kommen und in welchen Situationen oder unter welchen Bedingungen der Patient eben dieses Verhalten zeigt. Anschließend werden gemeinsam die Ziele der Therapie festgelegt und ein Therapieplan erstellt. Oft erhält der Patient "Hausaufgaben", um zwischen den Sitzungen neue Verhaltensweisen zu üben. Die aktive Mitarbeit des

Patienten ist sehr wichtig für den Erfolg der kognitiven Verhaltenstherapie. Im Laufe der Therapie lernt der Patient, wie er sich selbst helfen kann, um in Zukunft in seinem Alltag besser zurechtzukommen und sein Leben wieder selbst zu kontrollieren. Um das Therapieziel zu erreichen, kann der Therapeut bestimmte Methoden und Techniken einsetzen, die im Laufe der Zeit entwickelt wurden. Welche das sind, bestimmt die Art des Problems.

- **Kognitive Techniken:** Dieser Methode liegt die Annahme zugrunde, dass Depressionen mit verzerrten, realitätsfremden, negativen und unlogischen Denkmustern einhergehen. Patienten mit depressiven Störungen neigen zu willkürlichen Schlussfolgerungen und Schwarz-Weiß-Denken. Negative Ereignisse werden übertrieben, während positive Dinge kaum wahrgenommen werden. Depressive Menschen nehmen Geschehnisse persönlich, die gar nichts mit ihnen zu tun haben, sie verallgemeinern und haben eine einseitige Sichtweise. Die kognitiven Techniken bedeuten eine Arbeit an der Art und Weise des Denkens. Der Betroffene lernt, sich selbst zu beobachten, negative Gedanken zu identifizieren und diese zu hinterfragen. Im Verlauf der Therapie kann der Betroffene alternative Verhaltensweisen entwickeln, ausprobieren und bewerten, um schließlich zu erkennen, dass er seine Probleme ganz allein bewältigen kann.

- **Reizkonfrontation:** Diese Therapietechnik ist sicherlich die bekannteste und zielt auf den Abbau von Ängsten ab. Es gibt wiederum zwei Vorgehensweisen: Entweder, der Patient wird sofort in vollem Maße mit seiner Angst konfrontiert (*Reizüberflutung/Flooding*) und dazu motiviert, die unangenehme Situation solange wie möglich auszuhalten. Der Patient soll den Reiz nicht vermeiden, sondern entdecken, dass die befürchteten Folgen nicht eintreten. Dadurch wird die Angst beherrschbar und wird letztendlich "verlernt". Die andere Möglichkeit ist die *systematische Desensibilisierung*. Der Patient erlernt zunächst bestimmte Entspannungsmethoden. Zunächst wird die angstauslösende Situation nur gedanklich durchgespielt, anschließend wird der Patient mit dem Angstauslöser in gesteigerter Intensität konfrontiert (z.B. "Spinne in 10 m Entfernung" bis hin zu "Spinne auf der Hand halten").

Während der Konfrontation wendet der Patient die erlernten Entspannungsmethoden an. Dahinter steckt der Gedanke, dass körperliche Entspannung und ängstliche Anspannung nicht gleichzeitig bestehen können.

- **Operante Verfahren:** Diese Technik arbeiten mit positiven Verstärkern. Erwünschtes Verhalten wird belohnt, negatives jedoch nicht bestraft, da negative Folgen eine gegensätzliche Wirkung haben. Es existieren jedoch auch operante Verfahren, die mit negativen Verstärkern arbeiten.

Tiefenpsychologie

Auch verschiedene tiefenpsychologische Therapieverfahren, wie die Psychoanalyse oder die interpersonelle Psychotherapie werden zur Behandlung von Depressionen eingesetzt. Sie beruhen auf der Annahme, dass Depressionen durch einen unbewussten, inneren Konflikt ausgelöst werden, der durch negative und unangenehme Erlebnisse während der Kindheit und Jugend entstand. Der Betroffene soll sich im Laufe der Therapie dieses Konflikts bewusst werden. Anschließend wird er sich das dem Konflikt zugrundeliegende Erlebnis wieder und wieder ins Gedächtnis rufen und gedanklich immer wieder durchleben, bis sich die Symptome und damit der Konflikt auflösen.

Bei der klassischen Psychoanalyse liegt der Fokus stark auf den Konflikten, die in der Vergangenheit des Patienten stattgefunden haben. Es wird davon ausgegangen, dass die Depression des Patienten durch mehrere unbewusste Konflikte verursacht wird. Eine Psychoanalyse ist eine sehr tiefgehende und intensive Form der Psychotherapie. Die Aufarbeitung der negativen Erlebnisse kann entsprechend viele Sitzungen in Anspruch nehmen.

Die interpersonelle Therapie (IPT) basiert auf der Theorie, dass Kommunikationsprobleme die Ursache mancher psychischer Störungen sind. Dementsprechend richtet sich der Fokus dieser Therapie auf die Beziehungen des Patienten zu seinen Mitmenschen. Es wird davon ausgegangen, dass die Entstehung von Depressionen im Zusammenhang mit folgenden Bereichen steht:

- Verlust eines geliebten Menschen, Trauer

- zwischenmenschliche Konflikte

- Veränderungen im Leben, Ende eines Lebensabschnitts

- Kontaktschwierigkeiten, Einsamkeit, soziale Phobie

Zu Beginn der Therapie wählt der Patient meist zwei Themen aus, an denen Therapeut und Patient während der folgenden Sitzungen gemeinsam arbeiten werden. Dabei wird der Patient immer wieder ermutigst, seinen Gefühlen Ausdruck zu verleihen und sie nicht zurückzuhalten. Die Auswahl der Themen macht die IPT besonders geeignet für die Behandlung von älteren Menschen mit Depressionen.

Ursprünglich handelte es sich bei der IPT um eine Kurzzeitbehandlung von etwa 20 Sitzungen, die extra für die Behandlung unipolarer depressiver Episoden entwickelt wurde. Sie ist eine geprüfte und empfohlene Behandlungsmethode, die auch bei anderen affektiven Störungen sowie Essstörungen eine gute Wirksamkeit zeigt. Leider ist die IPT in Deutschland noch nicht sehr bekannt.

Sonstige Möglichkeiten

Psychotherapie und medikamentöse Therapie stellen die zwei Grundsäulen der Behandlung von Depressionen dar. Es gibt jedoch eine breite Palette unterstützender Angebote, die den Krankheitsverlauf positiv beeinflussen können. Dazu gehören ergotherapeutische Maßnahmen (Beschäftigungs- und Arbeitstherapie), verschiedene Entspannungsverfahren (autogenes Training, Yoga), Sport- und Bewegungstherapien, Kunsttherapien und so weiter. Wie sinnvoll solche Möglichkeiten sind und welche die beste Wirkung haben, hängt ganz von der Verfassung des Patienten und seiner Diagnose ab. Die Entscheidung sollte nur in Absprache mit dem behandelnden Arzt erfolgen und die Interessen des Patienten berücksichtigen. Wer nicht gern bastelt, tut sich mit einer Kunsttherapie sicher keinen Gefallen.

Alle diese unterstützenden Maßnahmen zielen darauf ab, dem Betroffenen eine positive Körpererfahrung und Erholung zu vermitteln, ihr Befinden durch handwerkliche oder künstlerische Tätigkeit verbessern und sie zur Bewältigung ihres Alltags zu ermutigen bzw. ihnen dabei unter die Arme zu greifen.

Tipps für Angehörige und Freunde

Für Familienangehörige, Freunde oder die Partnerin bzw. den Partner des Erkrankten ist der Umgang mit der Depression nicht leicht. Schließlich sind sie von den Auswirkungen der Krankheit unmittelbar betroffen. Gleichzeitig wissen sie oft nicht, wie sie sich richtig verhalten sollen, werden unsicher und haben Angst, Fehler zu machen. In diesem Kapitel findest du Ratschläge, wie du einem Freund oder einem Familienmitglied am besten helfen kannst und auch, was du besser vermeiden solltest.

Zunächst einmal solltest du akzeptieren, dass die Person wirklich krank ist. Nicht in schlechter Stimmung oder traurig oder gestresst, sondern krank. Darum gehört ein Mensch mit Depression auch in ärztliche Behandlung, auch wenn er es selbst vielleicht für sinnlos hält. Wenn du vermutest, dass eine Dir nahestehende Person depressiv ist, er oder sie aber nicht zum Arzt gehen möchte, solltest du ihn mit Mitgefühl und Akzeptanz bei der Suche nach einem Arzt und der Terminabsprache unterstützen und ihn oder sie am besten auch dorthin begleiten. Zeig der Person, dass du für sie da bist!

Auch wenn du dich deinem Angehörigen gegenüber verpflichtet fühlst und ihm gerne helfen willst, solltest du darauf achten, dich selbst dabei nicht zu vernachlässigen und auch negative Gefühle zuzulassen. Besonders wenn dich die Situation sehr belastet und du dich erschöpft und ausgelaugt fühlst, solltest du dir ebenfalls Hilfe suchen. Auch der Austausch mit anderen Angehörigen depressiver Menschen kann eine große Unterstützung sein. Vielleicht kannst du dich bei deinem Hausarzt oder dem behandelnden Psychotherapeuten deines Angehörigen erkundigen, ob es eine solche Selbsthilfegruppe in deiner Nähe gibt. Hab auch keine Angst davor, mit dir nahestehenden Personen über deine Gefühle zu sprechen und Hilfe von ihnen anzunehmen. Gerade jetzt ist ein soziales Netzwerk aus Freunden, Familie und Bekannten sehr wichtig. Es gibt auch andere unterstützende Einrichtungen, an die du dich auf der Suche nach Hilfe wenden kannst, zum Beispiel den sozialpsychiatrischen Dienst.

Sei geduldig! Es bringt nichts, mit dem Betroffenen über seine scheinbar aussichtslose Lage zu diskutieren oder ihn von deiner Sichtweise zu überzeugen, denn das wird dir nicht gelingen. Besser ist es, wenn du der erkrankten Person immer wieder zeigst, dass du für sie da bist und sie ernst nimmst. Höre einfach nur zu, ohne gut gemeinte Ratschläge zu erteilen, denn damit wirst du leider nichts erreichen können. Allerdings solltest du allzu überbehütendes Verhalten vermeiden, denn das wird von Betroffenen oft als störend empfunden. Versuche also, eine gute Balance zu finden. Auch solltest du körperliche Krankheitsanzeichen des Erkrankten ernst nehmen, selbst wenn sie dir übertrieben erscheinen. Das darfst du ihm auf keinen Fall sagen! Denk daran, durch die Depression verschiebt sich die Wahrnehmung des Patienten. Er dramatisiert nicht, sondern empfindet auch leichte Schmerzen als kaum zu ertragende Pein. Sprüche wie "Reiß dich doch mal zusammen!" oder "So schlimm ist das doch nicht!" sind in dieser Situation wirklich unangebracht.

Auch wenn der Betroffene sich dir gegenüber abweisend verhält, sich zurückziehen möchte oder dir gefühlskalt erscheint, darfst du dieses Verhalten nicht persönlich nehmen. Er oder sie tut dies nicht mit Absicht oder um dich zu kränken. Es ist die Depression, die dieses Verhalten verursacht. Natürlich darfst du deine negativen Gefühle vorsichtig äußern, wenn es dir richtig erscheint. Sei aber vorsichtig und lass deinen Frust nicht ungehindert ab. Wahrscheinlich hilft es dir und der depressiven Person mehr, wenn du mit einer vertrauten Person oder einem Menschen in ähnlicher Situation sprichst.

Wenn der Betroffene Suizidabsichten äußert oder vermehrt über den Tod spricht, solltest du umgehend reagieren. Je nach Situation solltest du mit ihm unverzüglich den Arzt aufsuchen oder einen Rettungswagen alarmieren! Auch leiseste Andeutungen solltest du sofort ernst nehmen. Es bringt übrigens nichts, sie dem Betroffenen auszureden. Besser ist es, Mitgefühl zu zeigen und Alternativen anzubringen. Auch ein "Nicht-Suizid-Vertrag" in denen sich der Betroffene dazu verpflichtet, keinen Selbstmord zu begehen, kann hilfreich sein. In jedem Fall solltest du den behandelnden Arzt informieren und dir selbst ebenfalls Rat und Hilfe suchen.

Auch alle wichtigen Entscheidungen sollten nun auf später verschoben werden, egal ob sie berufliche oder private Dinge betreffen. Der erkrankte Mensch ist gar nicht in der Lage, eine begründete Entscheidung zu fällen, mit der er nach seiner Genesung noch einverstanden ist.

Eine große Unterstützung für den Betroffenen ist die Einhaltung einer täglichen Routine. Ein geregelter Tagesablauf mit festen Zeiten für das Aufstehen und Zubettgehen, die Körperpflege sowie die Einnahme der Mahlzeiten bietet ihm ein Gerüst, an dem er sich festhalten kann. Rege immer wieder kleine Aktivitäten an (gemeinsamer Spaziergang, Blumen gießen o.ä.) ohne dabei den Kranken (oder dich selbst) zu überfordern.

Vermeiden solltest du appellatives, wertendes oder vergleichendes Verhalten, das sich in Aussagen wie "Früher hast du doch immer gern Sport gemacht!" oder "Stell dich mal nicht so an!" äußert. Im schlimmsten Fall verstärkst du damit die Schuldgefühle der erkrankten Person noch. Auch gut gemeinte Ratschläge, Aufmunterungsversuche oder Bagatellisierung der Depression werden nicht die gewünschte Wirkung erzielen.

Zum besseren Überblick fassen wir noch einmal die wichtigsten Verhaltensregeln im Umgang mit depressiven Freunden und Angehörigen zusammen:

- Akzeptiere die Depression als ernsthafte Erkrankung!

- Unterstütze die betroffene Person beim Arztbesuch!

- Informiere dich über die Krankheit und suche dir Menschen zum Austausch, die sich in der gleichen Situation befinden, wie du!

- Pass auf dich auf! Nimm dir Auszeiten, triff dich mit Freunden und vernachlässige dein Sozialleben nicht!

- Überschreite deine Grenzen nicht! Weder kannst du den Psychotherapeuten spielen, noch immer die perfekte Betreuungsperson sein. Such dir Hilfe bei Freunden, Verwandten und speziellen Einrichtungen (Tagespflege für psychisch Kranke, Selbsthilfegruppen, sozialpsychiatrischer Dienst usw.)

- Mach dem Betroffenen keine Vorwürfe und vermeide gute Ratschläge und Diskussionen!

- Bleib geduldig, mit dir und mit dem Patienten und nimm deine eigenen Gefühle an!

- Achte darauf, dass die betroffene Person regelmäßig ihre Medikamente nimmt und pünktlich zur Therapie geht! Das klappt am besten, wenn ihr als Team zusammenarbeitet.

- Unterstütze den Betroffenen bei der Einhaltung eines geregelten Tagesablaufs!

- Nimm Suiziddrohungen und Todesgedanken in jedem Fall ernst und reagiere sofort!

Wichtige Fragen und Antworten

Wie kann ich als Außenstehender erkennen, ob jemand depressiv ist?

Von außen ist es nicht immer zu erkennen, ob eine Person Depressionen hat oder nicht, da er oder sie sich möglicherweise darum bemüht, seine Niedergeschlagenheit zu verbergen. Je nachdem wie nahe du dieser Person stehst, nimmst du vielleicht Änderungen im Verhalten wahr eher wahr, als wenn es sich nur um einen flüchtigen Bekannten handelt. Wenn sich jemand auf einmal zurückzieht, nichts unternehmen möchte, kein Interesse an Dingen zeigt, die ihm eigentlich Freude bereiten, Freundschaften oder Beziehungen vernachlässigt oder dauernd niedergeschlagen zu sein scheint, dann könnte möglicherweise eine Depression dahinterstecken. Handelt es sich um einen guten Freund, ein dir nahestehendes Familienmitglied oder deinen Partner bzw. deine Partnerin, wirst du solch ungewöhnliche Verhaltensweisen sicher bald bemerken. Halten diese Symptome mehr als zwei Wochen an, dann solltest die Person ansprechen und deine Hilfe anbieten.

Habe ich selbst eine Depression?

Auch diese Frage ist nicht so leicht zu beantworten. Wenn du dich länger als zwei Wochen freudlos und niedergeschlagen fühlst, dich zu nichts mehr aufraffen kannst, du dich fühlst, als würde ein tonnenschweres Gewicht auf dir lasten und dazu auch noch Schlafstörungen, Appetitlosigkeit oder andere Beschwerden kommen, dann klingt das sehr nach einer Depression. Es können aber auch andere Ursachen dahinter stecken. Bitte suche umgehend einen Arzt auf oder bitte eine dir vertraute Person um Hilfe! Egal ob du eine Depression oder eine andere Erkrankung hast, in beiden Fällen benötigst du Unterstützung von außen.

Im Internet gibt es diverse Selbsttests, die Betroffenen (oder Angehörigen) einen ersten Hinweis auf das Vorliegen oder die Entwicklung einer depressiven Episode geben können. Sie sind kein Ersatz für einen Arztbesuch und liefern auch keine Diagnose! Wenn es dir wirklich schlecht geht, dein Selbsttest dir aber sagt, du hättest keine Depression, dann solltest du das Ergebnis getrost ignorieren und deine Beschwerden ärztlich abklären lassen.

Natürlich kann es dich große Überwindung kosten, den Schritt zu wagen und deine Probleme einem Arzt anzuvertrauen, schließlich ist die Psychotherapie noch immer mit vielen Vorurteilen verbunden. Doch keine Angst, weder sitzen dort im Wartezimmer nur Irre, noch bist du selbst verrückt. Du hast auch nicht versagt oder bist faul, im Gegenteil! Du bist dir deines Problems bewusst und suchst aktiv nach Hilfe. Damit beweist du Verantwortungsbewusstsein, Mut und innere Stärke!

Ab wann muss eine Depression behandelt werden?

Jede Depression muss behandelt werden! Zwar tritt die Krankheit in unterschiedlichen Intensitäten auf, doch auch eine leichte Depression verschwindet nicht einfach wieder. Lediglich die Behandlungsmöglichkeiten unterscheiden sich je nach Stärke der depressiven Episode. Während bei einer leichten Depression eine ambulante Psychotherapie ausreicht, gehört zur Behandlung mittlerer und schwerer Depression auch die Einnahme von Antidepressiva und eventuell ein stationärer Aufenthalt.

Wie finde ich einen guten Psychotherapeuten und woher weiß ich, ob ein Therapeut gut ist?

Einen guten Therapeuten zu finden, ist gar nicht so einfach. Du kannst dir zum Beispiel von deinem Hausarzt eine Empfehlung aussprechen lassen, bei deiner Krankenkasse nachfragen oder dich beim Psychotherapie-Informationsdienst nach einem

Psychotherapeuten in deiner Nähe erkundigen. Auch das Internet ist bei der Suche nach einem Therapeuten hilfreich. Viele Praxen besitzen mittlerweile eine Internetseite, auf der du dich über die angebotenen Leistungen informieren und schon einmal einen Blick in die Räumlichkeiten werfen kannst.

Ob du beim Erstgespräch nun einen guten Psychotherapeuten vor dir sitzen hast oder nicht, dafür gibt es keine Faustregel. Höre auf dein Gefühl! Stimmt die Chemie? Fühlst du dich sicher? Ist die Atmosphäre in der Praxis angenehm und sind auch die anderen Mitarbeiter freundlich zu dir? Scheint dir der Therapeut oder die Therapeutin vertrauenswürdig? Ist er oder sie einfühlsam, verständnisvoll und kann deine Gefühle nachvollziehen? Wenn du diese Fragen größtenteils mit "ja" beantworten kannst, dann hast du vielleicht einen guten Therapeuten gefunden. Gibt es Dinge, die dir am Auftreten oder Verhalten des Therapeuten nicht gefallen, dann darfst du diese auch ansprechen, bevor du eine Entscheidung triffst. Am Anfang der Therapie stehen fünf sogenannte probatorische (prüfende) Sitzungen. Zwischen der dritten und der fünfte Sitzung wirst du genug Erfahrung mit der Therapeutin oder dem Therapeuten gesammelt haben, um dich für oder gegen eine Behandlung entscheiden zu können. Es ist auch okay, wenn du dir ein anderes Therapieangebot suchst oder verschiedene Behandlungsmethoden ausprobierst, um herauszufinden, wer dir am besten helfen kann und wie.

Was erwartet mich beim Erstgespräch?

Bevor du deinen zukünftigen Psychotherapeuten das erste Mal in seiner Praxis aufsuchst, musst du einen Termin vereinbaren. Wenn du dich dazu nicht in der Lage fühlst, kann eine dir nahestehende Person das für dich übernehmen. Stell dich besser auf ein wenig Wartezeit ein, weil die Nachfrage nach Psychotherapie recht hoch ist. Es kann auch sein, dass ein Therapeut keine neuen Patienten mehr aufnehmen kann. In diesem Fall solltest du in seiner Praxis um weitere Empfehlungen bitten oder hast sowieso schon mehrere Kontakte herausgesucht oder dir heraussuchen lassen. Wahrscheinlich wirst du deinen Termin fürs Erstgespräch in den folgenden vier bis zwölf Wochen erhalten. Wenn es dir in der Wartezeit auf einmal sehr viel schlechter geht, du Selbstmordgedanken hast oder plötzlich nicht mehr weiter weißt, solltest du dich sofort an deinen Hausarzt, deinen behandelnden Psychiater oder eine Klinik wenden, damit dir schnell geholfen werden kann.

Wenn du dann dem Psychotherapeuten das erste Mal gegenübersitzt, wird er oder sie dich zunächst fragen, warum du Hilfe brauchst und welche psychischen und körperlichen Beschwerden dir zu schaffen machen. Typische Fragen wären zum Beispiel "Was führt Sie zu mir?" oder "Welche Schwierigkeiten haben Sie?", denn natürlich möchte sich auch der Psychotherapeut ein Bild von dir machen. Wahrscheinlich wird er dich zunächst möglichst frei reden lassen und nur dann nachfragen, wenn er etwas nicht verstanden hat. Du solltest also ungestört von deinen Problemen berichten. Anschließend könnte der Therapeut versuchen, durch Fragen oder Kommentare mit dir ins Gespräch zu kommen. Er könnte zum Beispiel wissen wollen, warum du gerade jetzt eine Therapie beginnen möchtest, welche Erwartungen du an die Therapie hast und wie dringend die Behandlung für dich ist.

Andersherum erhältst auch du die Möglichkeit, Fragen zu stellen, um deinen möglichen Therapeuten besser kennenzulernen. Solltest du sehr nervös sein, dann kannst du dir vorher schon ein paar Notizen machen, damit du in der Aufregung nichts vergisst. Als kleine Anregung findest du hier einige Beispielfragen:

- Wie laufen die Sitzungen bei Ihnen üblicherweise ab?

- Nach welcher therapeutischen Methode arbeiten Sie und glauben Sie, dass Sie mir damit helfen könnten?

- Welches Vorgehen schlagen Sie in meinem Fall vor?

- Gibt es Vereinbarungen für die Zeit zwischen zwei Terminen?

- Muss ich mit Schwierigkeiten während der Therapie rechnen und welche könnten das sein?

Du solltest auch organisatorische Dinge erfragen, etwa ob dir für das Erstgespräch Kosten entstehen oder wie die Abrechnung mit der Krankenkasse erfolgen wird.

Im Laufe des Gesprächs wirst du dir also ein erstes Bild von dem Psychotherapeuten machen und am Ende der Sitzung wird dich der Therapeut bestimmt fragen, ob du Interesse an einer Therapie bei ihm hast. Du musst dich aber nicht sofort entscheiden, sondern hast, wie bereits erwähnt, bis zu fünf "Probesitzungen" Zeit, eine Entscheidung zu treffen. Überstürze nichts, schließlich dauert eine Depressionsbehandlung nicht nur ein paar Wochen, sondern kann mehrere Monate oder sogar Jahre in Anspruch nehmen. Da wäre es doch schade, wenn du am Ende feststellst, dass eine andere Therapieform oder ein anderer Psychotherapeut dir vielleicht besser hätte helfen können. Du musst natürlich auch dann nicht wiederkommen, wenn du von Anfang an ein schlechtes Gefühl hattest oder dich im Gespräch nicht verstanden gefühlt hast. Es ist vollkommen okay, wenn du mehrere Erstgespräche bei verschiedenen Psychotherapeuten führst, bevor du eine finale Entscheidung triffst.

Andererseits ist es auch möglich, dass dir der Therapeut am Ende des Gesprächs mitteilt, dass er dir leider nicht helfen kann. Vielleicht fühlt er sich fachlich nicht dazu in der Lage, hält eine andere Therapieform besser für dich geeignet oder rät dir zu einer stationären Behandlung.

Was kann ich selber tun, um meine Behandlung zu unterstützen?

Damit deine Depression erfolgreich behandelt werden kann, ist deine Mitarbeit gefordert. Zunächst einmal solltest du dir bewusst werden (und dein Arzt oder Therapeut wird dir dabei helfen), dass eine Depression eine Krankheit ist. Du hast zwar keinen Schnupfen und kein Fieber, aber dafür andere Symptome, die dir große Schwierigkeiten bereiten. Du hast nicht versagt und du bist an deiner Krankheit auch nicht selber schuld. Vertraue dich deinen Mitmenschen an, wenn du dich sicher fühlst, den Offenheit und Ehrlichkeit sind das beste Mittel, um Vorurteile zu verhindern. Natürlich ist es wichtig, dass du dich in ärztliche Behandlung begibst. Eine Depression geht nämlich, im Gegensatz zum Schnupfen, nicht von allein wieder weg, sondern muss therapiert werden. Je früher du dich in Behandlung begibst, desto höher stehen deine Chancen, wieder vollständig gesund zu werden.

Bist du bereits in Behandlung, so solltest du darauf achten, deine Medikamente regelmäßig einzunehmen (falls dir welche verschrieben wurden) und natürlich pünktlich zu deinen Therapiesitzungen erscheinen.

Wenn du damit große Schwierigkeiten hast, dann bitte einen Freund oder Angehörigen um Hilfe.

Auch die Einhaltung eines regelmäßigen Tagesablaufs unterstützt dich bei der Bewältigung der Depression. Bitte deinen Therapeuten, gemeinsam mit dir einen Tagesplan zu entwerfen.

Es ist wichtig, dass du dich auch außerhalb der Therapie einer Vertrauensperson mitteilen kannst. Selbst wenn du glaubst, niemanden zu haben, gibt es immer noch Möglichkeiten. Du kannst zum Beispiel bei der Telefonseelsorge anonym anrufen, mit einem Arzt oder sogar einem Pfarrer sprechen. Auch die Teilnahme an Selbsthilfegruppen ist eine gute Möglichkeit, mit anderen Betroffenen in Kontakt zu kommen. Im Notfall kannst du immer ins Krankenhaus gehen oder einen Notarzt anrufen – auch mitten in der Nacht!

Aber es gibt noch mehr Möglichkeiten, dir selbst zu helfen, besonders wenn es dir schon etwas besser geht und du die Depression endgültig überwinden möchtest. Dazu gehören zum Beispiel gesunde Ernährung und regelmäßige Bewegung. Du musst keinen Leistungssport betreiben, auch Radfahren, Wandern, Spazierengehen und gemütliches Joggen sind Bewegung.

Du solltest dir bewusst werden, dass nur du allein für deine Gesundheit, deine Gefühle und dein Wohlbefinden verantwortlich bist und niemand sonst. Hab keine Angst davor Medikamente zu nehmen und nutze die wiedergewonnene Energie, um an dir selbst zu arbeiten. Triff dich mit Freunden und verkriech dich nicht dauernd. Natürlich ist es okay, Angst zu haben, aber meistens wird es dann gar nicht so schlimm, wie du befürchtet hast. Finde heraus, mit welchen Dingen du dich von deinen negativen Gefühlen ablenkst und hör auf damit. Das sind zum Beispiel Alkohol, Zigaretten und härtere Drogen aber auch ein ständig laufender Fernseher, ununterbrochenes Tippen auf dem Smartphone, Computerspiele und so weiter. Natürlich helfen dir diese Dinge, dich einen kurzen Moment besser zu fühlen, aber langfristig machen sie dich nicht glücklich. Scheue dich nicht vor negativen Gefühlen, die gehören auch dazu. Mit der Zeit wirst du lernen, wie du mit ihnen umgehen kannst. Lege jeden Tag eine kleine Pause ein, und verbringe sie ganz ohne jegliche Ablenkung. Zehn Minuten am Tag ohne Handy, Fernseher, Radio und Internet wirst du sicher in deinen Tagesablauf einbauen können. Akzeptiere die Stille um dich herum und in dir drin.

Such dir ein Hobby und probiere etwas Neues aus. Vielleicht wolltest du schon immer mal Stricken oder Nähen lernen oder dein eigenes Brot backen? Auch ein Haustier kann glücklich machen, es verurteilt dich nie und gibt dir das gute Gefühl, gebraucht zu werden.

Gib dir selbst das Gefühl, wertvoll zu sein. Verbringe Zeit mir dir selbst und gönne dir immer mal wieder etwas Gutes. Das kann ein heißes Schaumbad sein, eine kleine

Pause in der Sonne, eine neue Blume auf dem Fensterbrett oder ein Stückchen Schokolade am Abend.

Es gibt noch unzählige weitere Methoden, mit denen du deine Depression überwinden kannst. Sprich mit deinem Therapeuten darüber und probiere aus was dir gut tut, wann immer du dich dazu bereit fühlst.

Schlusswort

Vielen Dank für den Erwerb dieses Buches! Ich hoffe, dass es dir dabei helfen konnte zu verstehen, was Depressionen sind und was es bedeutet, mit dieser Krankheit zu leben. Vielleicht fühlst du dich nun sicherer im Umgang mit depressiven Freunden und Angehörigen, besonders wenn die Situation noch neu für euch alle ist.

Solltest du betroffen sein so hoffe ich, dass ich dir einige neue Anregungen mitgeben konnte. Bitte denk daran, dass dieses Buch nicht der Selbstdiagnose dient, keinen Anspruch auf Vollständigkeit erhebt und nicht den Arztbesuch ersetzt. Wenn du vermutest eine Depression zu haben, dann solltest du zum Arzt gehen.

Ob du nun selbst Depressionen hast oder einen depressiven Menschen begleitest: Ich wünsche dir alles Gute auf deinem weiteren Weg!

Urheberrechte

Die Inhalte dieses Werkes unterliegen dem deutschen Urheberrecht. Die Vervielfältigung, Bearbeitung, Verbreitung und jede Art der Verwertung außerhalb der Grenzen des Urheberrechtes bedürfen der schriftlichen Zustimmung des jeweiligen Autors bzw. Erstellers. Downloads und Kopien dieser Seite sind nur für den privaten, nicht kommerziellen Gebrauch gestattet.

Email Newsletter

Anmeldung per Email um über Neuerscheinungen und News informiert zu werden, bitte eine Email an newsletter@tbreise.buch-autoren.de senden.

Gratis Ebook zum schmökern

Hier ist der Link zu einem meiner Ebooks, dass nach eintragen in meiner Emailliste gratis heruntergeladen werden kann.

http://breiseebook.buch-autoren.de